Johann
STRAUSS II

Der Zigeunerbaron

Operetta in Three Acts

(1885)

Vocal Score
Klavierauszug

SERENISSIMA MUSIC, INC.

CONTENTS

🎼 Overture 1

🎼 Act I 9

🎼 Act II 106

🎼 Act II (alternate Ending) 173

🎼 Act III 181

ORCHESTRA

2 Flutes (2nd also Piccolo), 2 Oboes, 2 Clarinets, 2 Bassoons
4 Horns, 2 Trumpets, 3 Trombones
Timpani, Snare Drum, Bass Drum, Cymbals, Bells, Harp
Violin I, Violin II, Viola, Violoncello, Double Bass

Duration: 2 hours
Premiere: October 24, 1885
Vienna, Theater an der Wien
Soli, Chorus and Orchestra, Johann Strauss II (conductor)

ISMN: 979-0-093-00435-1
This score is a slightly modified unabridged reprint of the score
published ca.1900 by A. Cranz, plate C. 26767
The score has been enlarged to fit the present format.

Der Zigeunerbaron
Operette in 3 Akten
nach einer Erzählung M. Jokai's von J. Schnitzer
Ouverture

Musik von Johann Strauss

SERENISSIMA MUSIC, INC.

4

Più Allegro.

6

№ 1. Introduction.

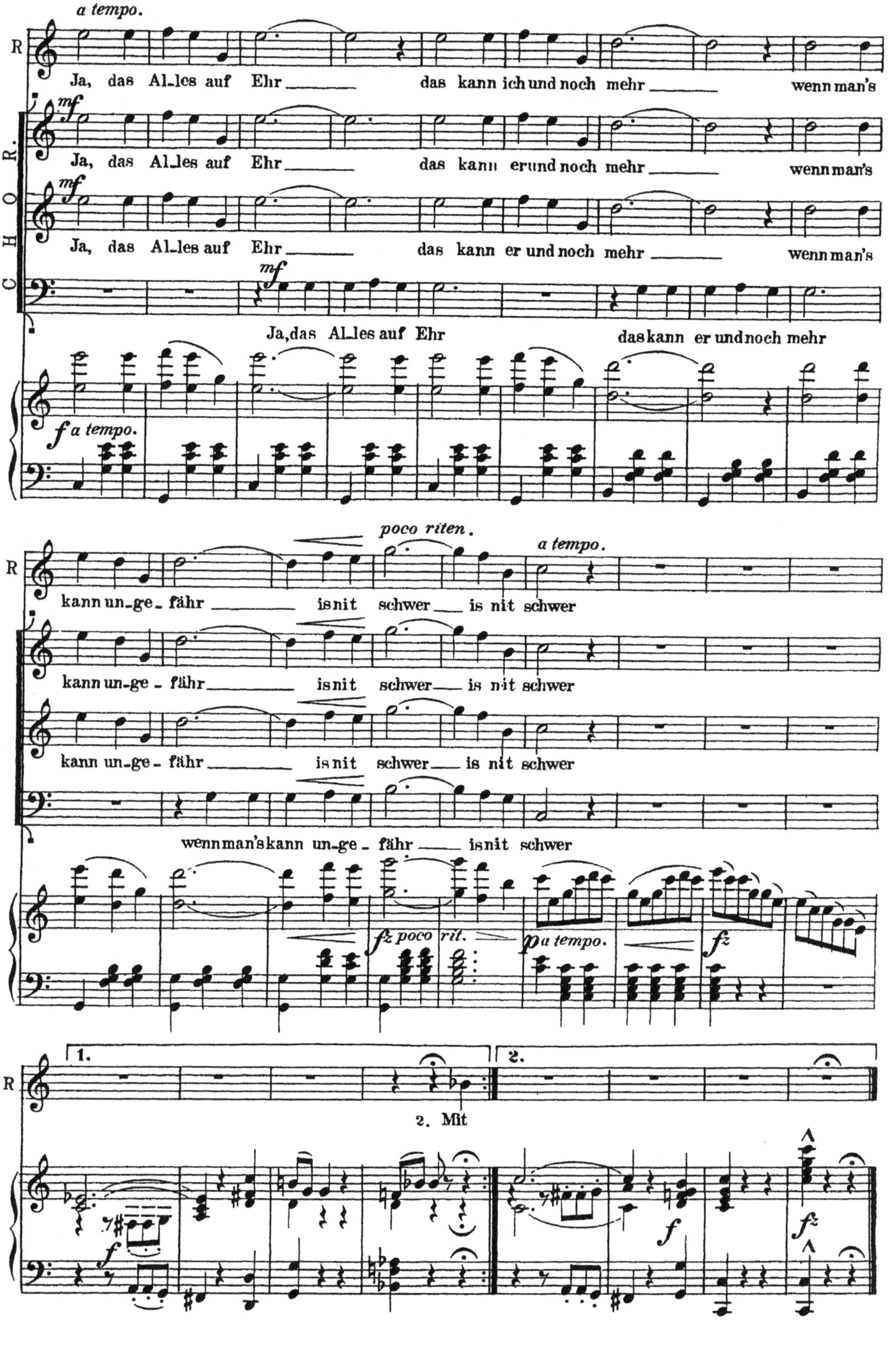
a tempo.
R
Ja, das Al_les auf Ehr das kann ich und noch mehr wenn man's
CHOR.
Ja, das Al_les auf Ehr das kann er und noch mehr wenn man's
Ja, das Al_les auf Ehr das kann er und noch mehr wenn man's
Ja, das Al_les auf Ehr das kann er und noch mehr
f a tempo.
poco riten.
a tempo.
kann un_ge_fähr is nit schwer is nit schwer
kann un_ge_fähr is nit schwer is nit schwer
kann un_ge_fähr is nit schwer is nit schwer
wenn man's kann un_ge_fähr is nit schwer
fz poco rit.
p a tempo.
fz
1.
2.
2. Mit

№ 3. Melodram.

Allegro moderato.

CARNERO.
Hergott, ein altes Weib!

CZIPRA (vor die Hütte tretend) Wer klopft an die bescheidene Thür? Bedürft des Rathes und Hilfe Ihr?_ Ich künde Euch des Schicksals Schluss, der sicher Euch erfüllen muss.
(Bei Seite) Er ist's_ mein Auge trügt mich nicht, den Alten kenn' ich vom Gesicht!

CARNERO.
Nur näher, Alte!... spute Dich!....
So komm doch her! Wie heisst du? Sprich!

CZIPRA. Als Jugend Wang' und Aug' erfrischt warb' man um Czipra minniglich, doch nun die Zeit den Reiz verwischt, nennt man die Alte Hexe mich. Hihihi_hi hi!
CARNERO. Ist Niemand sonst in dem Revier?

CZIPRA: Zigeuner sind Bewohner hier!_ Doch zogen sie am Morgen fort, weil heute Markt im nächsten Ort. Erst wenn die Nacht sich niedersenkt._ Ihr Schritt sie zu der Heimat lenkt._
CARNERO: So komm du Alte nur heran! Und schau den jungen Mann dir an!_

CZIPRA (tritt zu Barinkay, ihn scharf fixirend)
Wär's möglich?.. Himmel... dies Gesicht?....
CARNERO: Vernimm', was die Behörde spricht: Hier steht, durch Königs Gnade frei Dein Grundherr Sándor Barinkay.

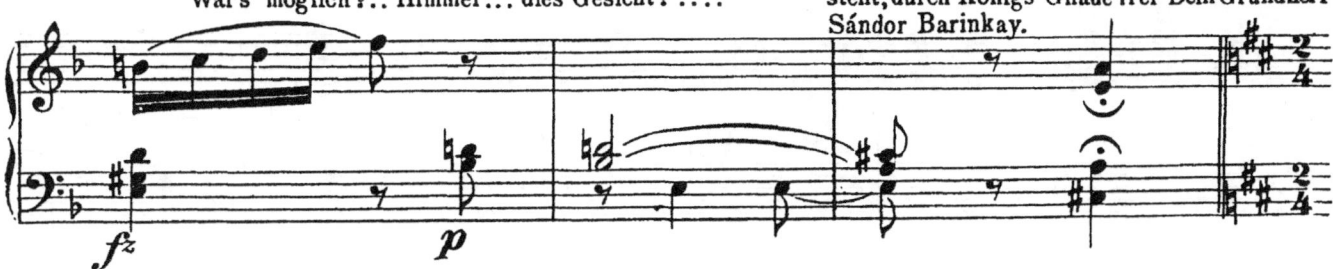

34

Nº 5. Ensemble.

Nº 5 b Sortie.

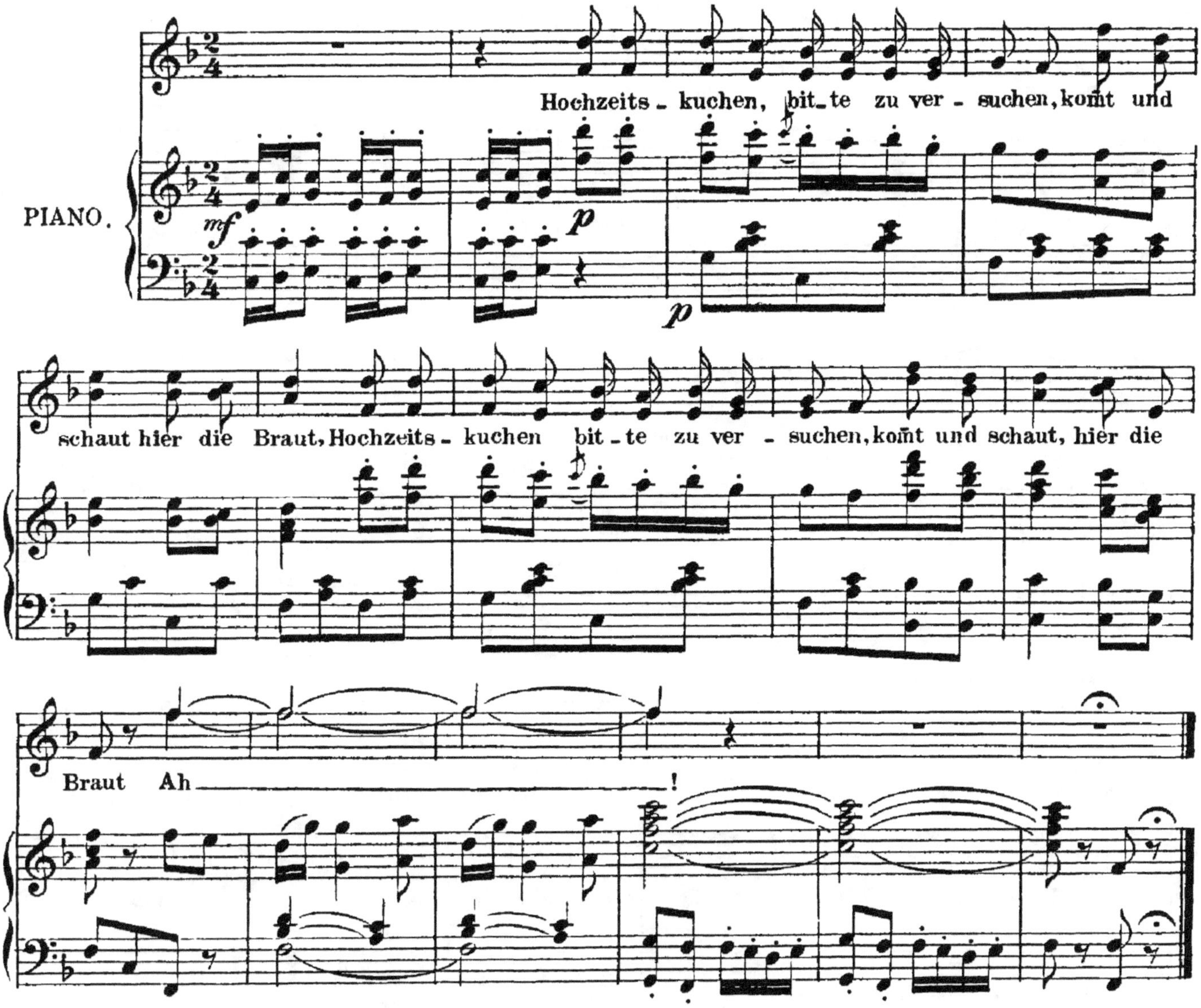

Nº 6 Zigeunerlied.

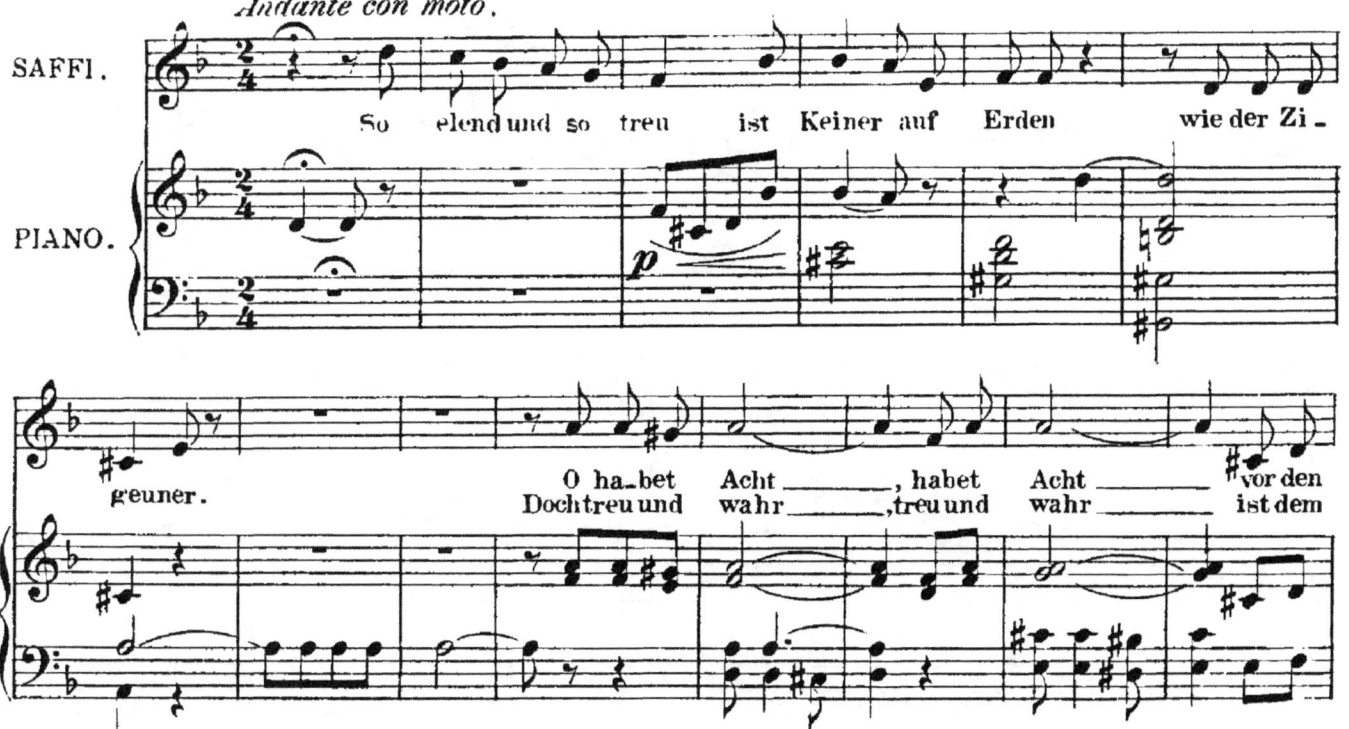

№ 7. Finale.

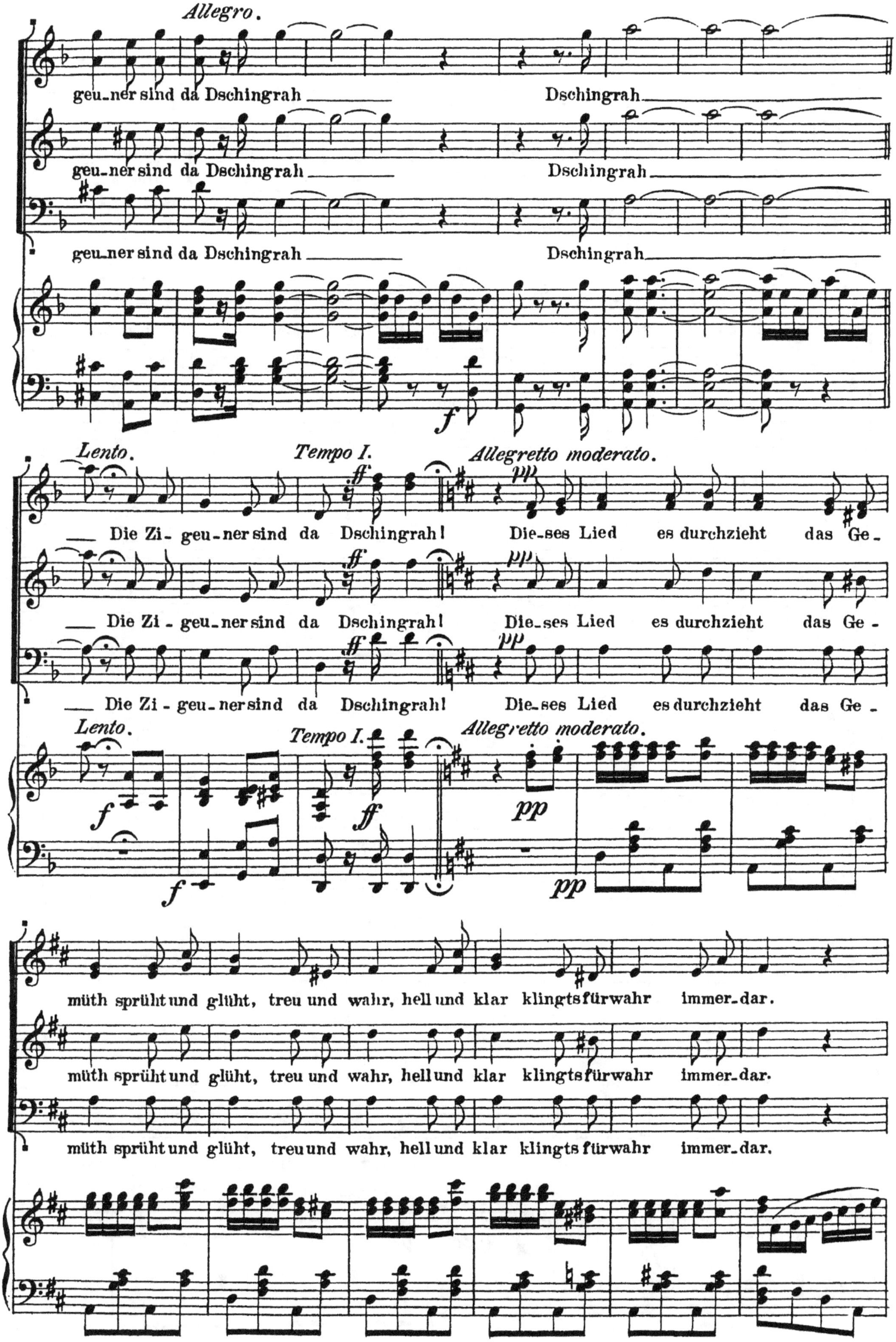
Allegro.
geu-ner sind da Dschingrah Dschingrah
geu-ner sind da Dschingrah Dschingrah
geu-ner sind da Dschingrah Dschingrah
Lento.
Tempo I.
Allegretto moderato.
Die Zi-geu-ner sind da Dschingrah! Die-ses Lied es durchzieht das Ge-
Die Zi-geu-ner sind da Dschingrah! Die-ses Lied es durchzieht das Ge-
Die Zi-geu-ner sind da Dschingrah! Die-ses Lied es durchzieht das Ge-
Lento.
Tempo I.
Allegretto moderato.
müth sprüht und glüht, treu und wahr, hell und klar klingts fürwahr immer-dar.
müth sprüht und glüht, treu und wahr, hell und klar klingts fürwahr immer-dar.
müth sprüht und glüht, treu und wahr, hell und klar klingts fürwahr immer-dar.

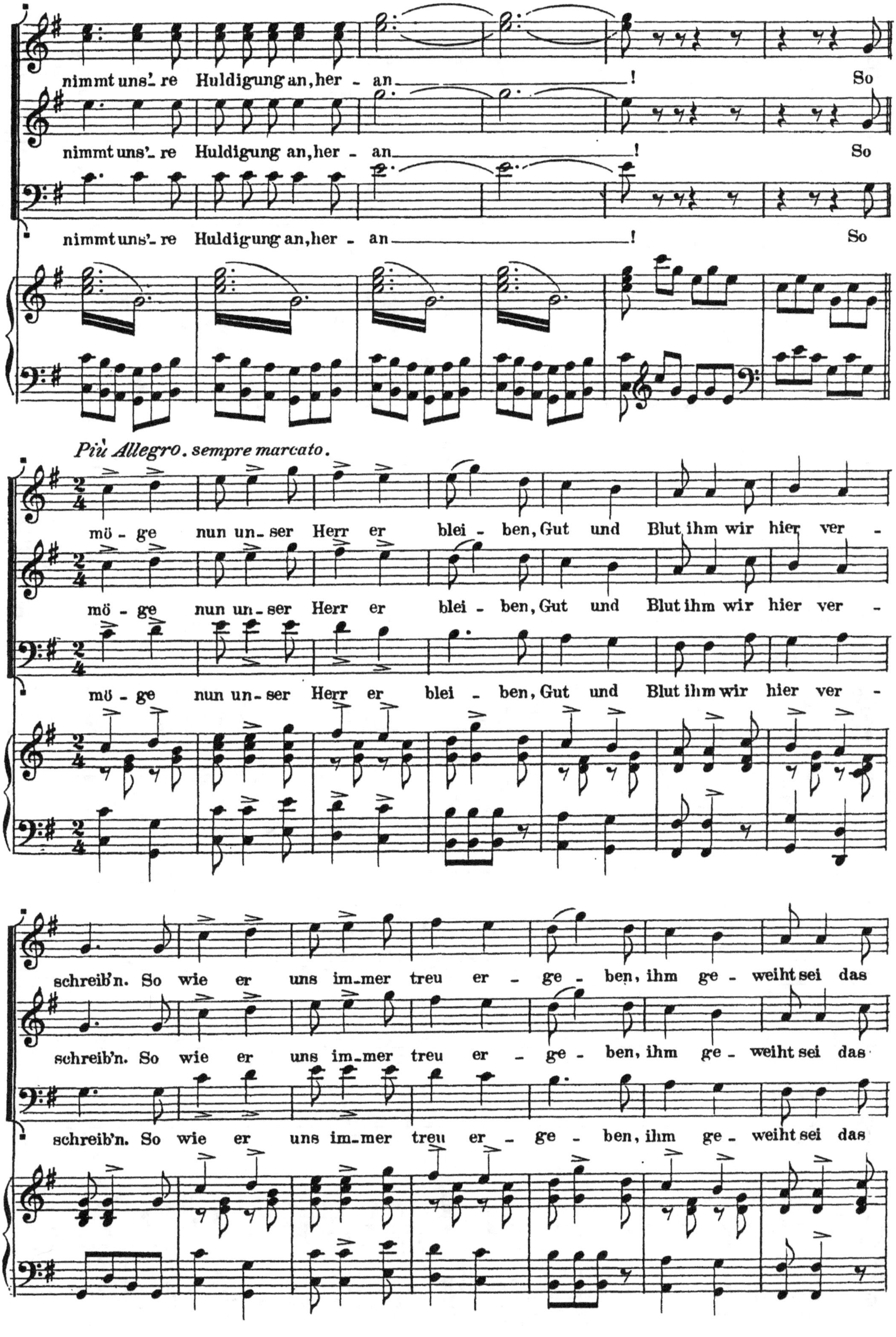
nimmt uns're Huldigung an, her - an —! So
nimmt uns're Huldigung an, her - an —! So
nimmt uns're Huldigung an, her - an —! So
Più Allegro. sempre marcato.
mö - ge nun un - ser Herr er blei - ben, Gut und Blut ihm wir hier ver -
mö - ge nun un - ser Herr er blei - ben, Gut und Blut ihm wir hier ver -
mö - ge nun un - ser Herr er blei - ben, Gut und Blut ihm wir hier ver -
schreib'n. So wie er uns im - mer treu er - ge - ben, ihm ge - weiht sei das
schreib'n. So wie er uns im - mer treu er - ge - ben, ihm ge - weiht sei das
schreib'n. So wie er uns im - mer treu er - ge - ben, ihm ge - weiht sei das

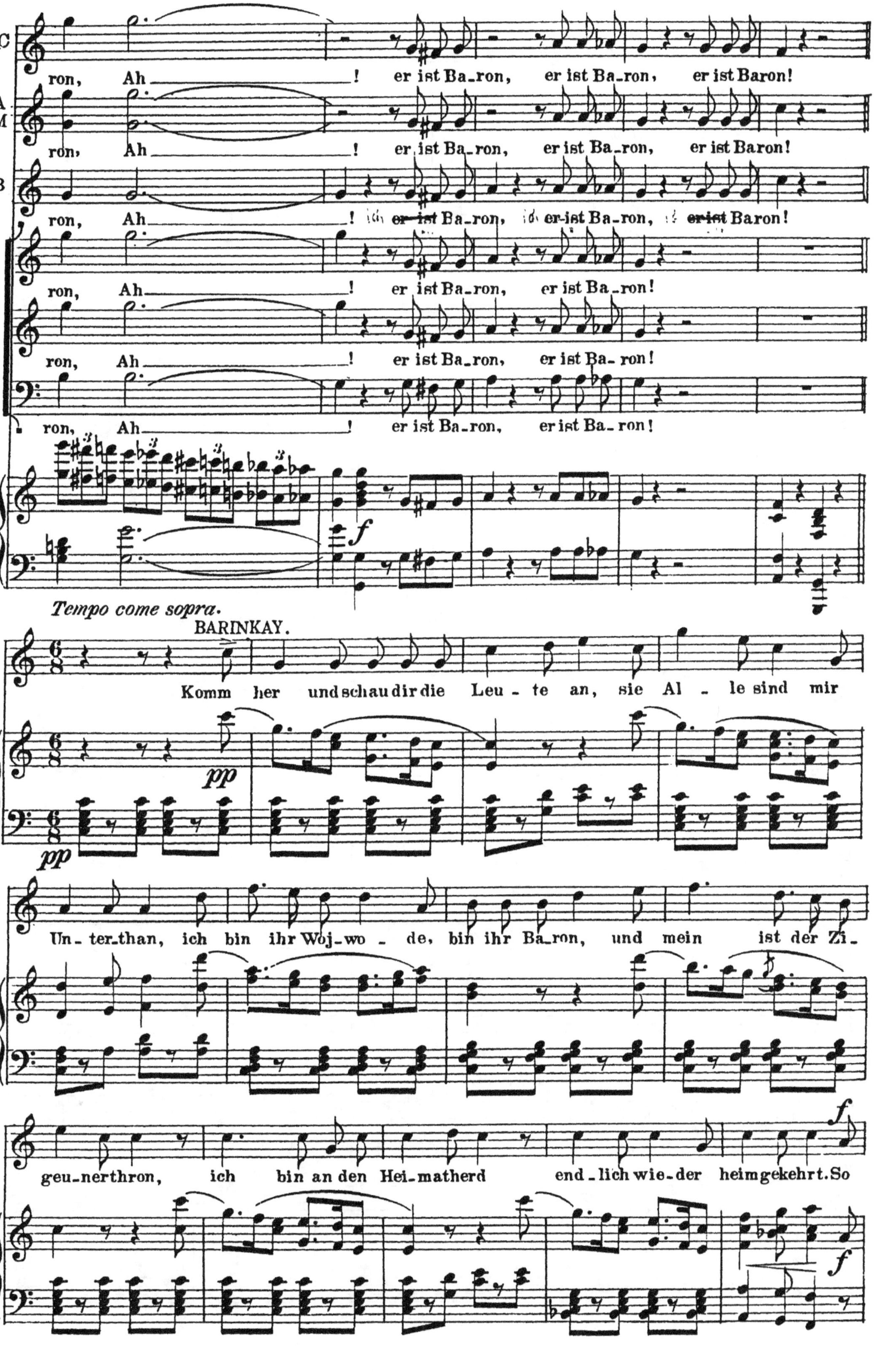
C
ron, Ah ! er ist Ba-ron, er ist Ba-ron, er ist Baron!
A
M
ron, Ah ! er ist Ba-ron, er ist Ba-ron, er ist Baron!
B
ron, Ah ! er ist Ba-ron, er ist Ba-ron, er ist Baron!
ron, Ah ! er ist Ba-ron, er ist Ba-ron!
ron, Ah ! er ist Ba-ron, er ist Ba-ron!
ron, Ah ! er ist Ba-ron, er ist Ba-ron!
f
Tempo come sopra.
BARINKAY.
Komm her und schau dir die Leu-te an, sie Al-le sind mir
pp
pp
B
Un-ter-than, ich bin ihr Woj-wo-de, bin ihr Ba-ron, und mein ist der Zi-
B
geu-nerthron, ich bin an den Hei-matherd end-lich wie-der heimgekehrt. So
f
f

92

Ende des I. Aktes.

II. ACT.
Entr'acte.

No 8. Terzett.

No 9.

No. 12. Sittencommissions Couplets.

№ 13. Finale.

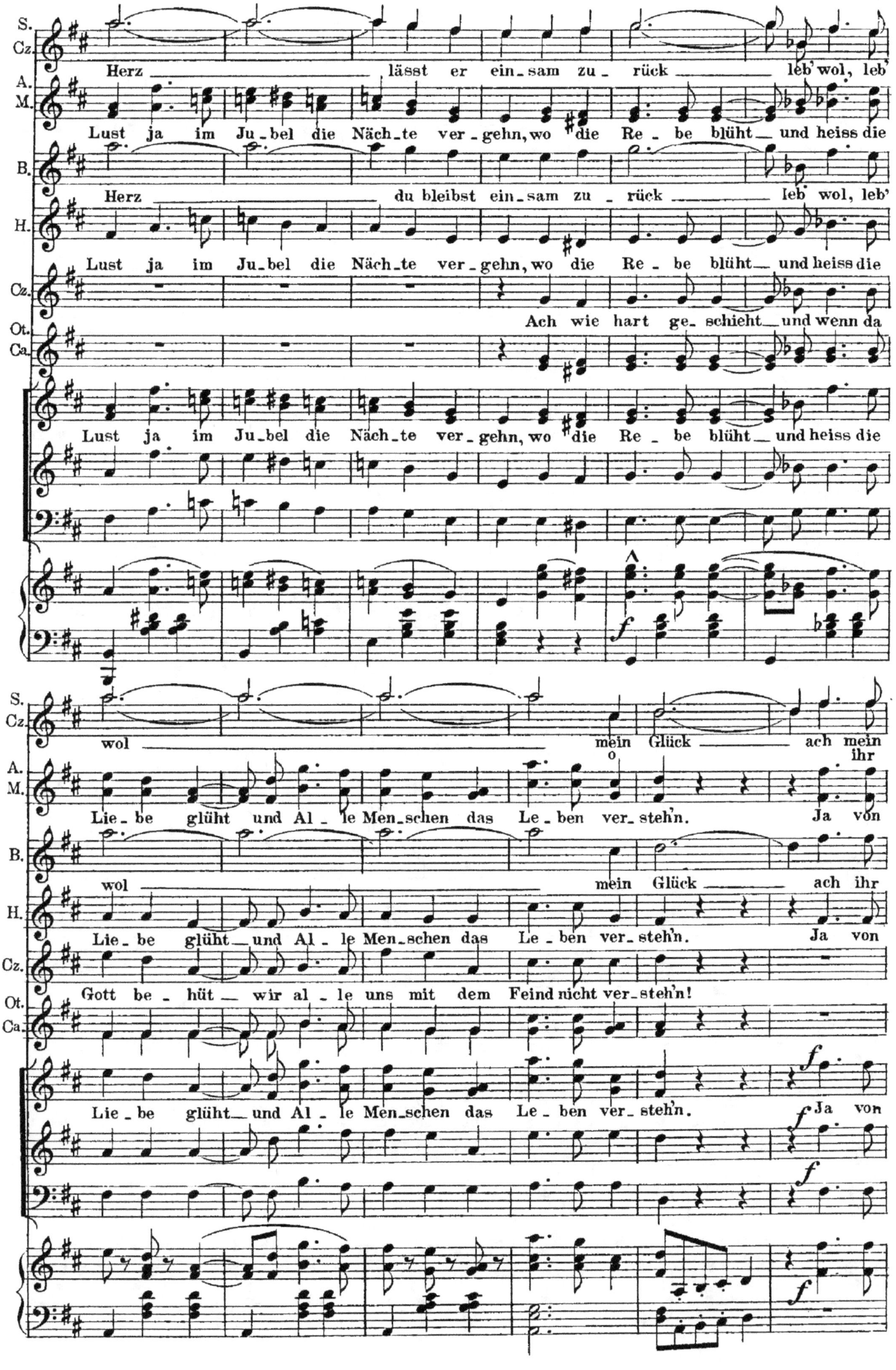
S.
Cz.
Herz lässt er ein_sam zu_rück leb' wol, leb'
A.
M.
Lust ja im Ju_bel die Näch_te ver_gehn, wo die Re_be blüht_ und heiss die
B.
Herz du bleibst ein_sam zu_rück leb' wol, leb'
H.
Lust ja im Ju_bel die Näch_te ver_gehn, wo die Re_be blüht_ und heiss die
Cz.
Ach wie hart ge_schieht_ und wenn da
Ot.
Ca.
Lust ja im Ju_bel die Näch_te ver_gehn, wo die Re_be blüht_ und heiss die
S.
Cz.
wol mein Glück ach mein
o ihr
A.
M.
Lie_be glüht und Al_le Men_schen das Le_ben ver_steh'n. Ja von
B.
wol mein Glück ach ihr
H.
Lie_be glüht_ und Al_le Men_schen das Le_ben ver_steh'n. Ja von
Cz.
Gott be_hüt_ wir al_le uns mit dem Feind nicht ver_steh'n!
Ot.
Ca.
Lie_be glüht_ und Al_le Men_schen das Le_ben ver_steh'n. Ja von

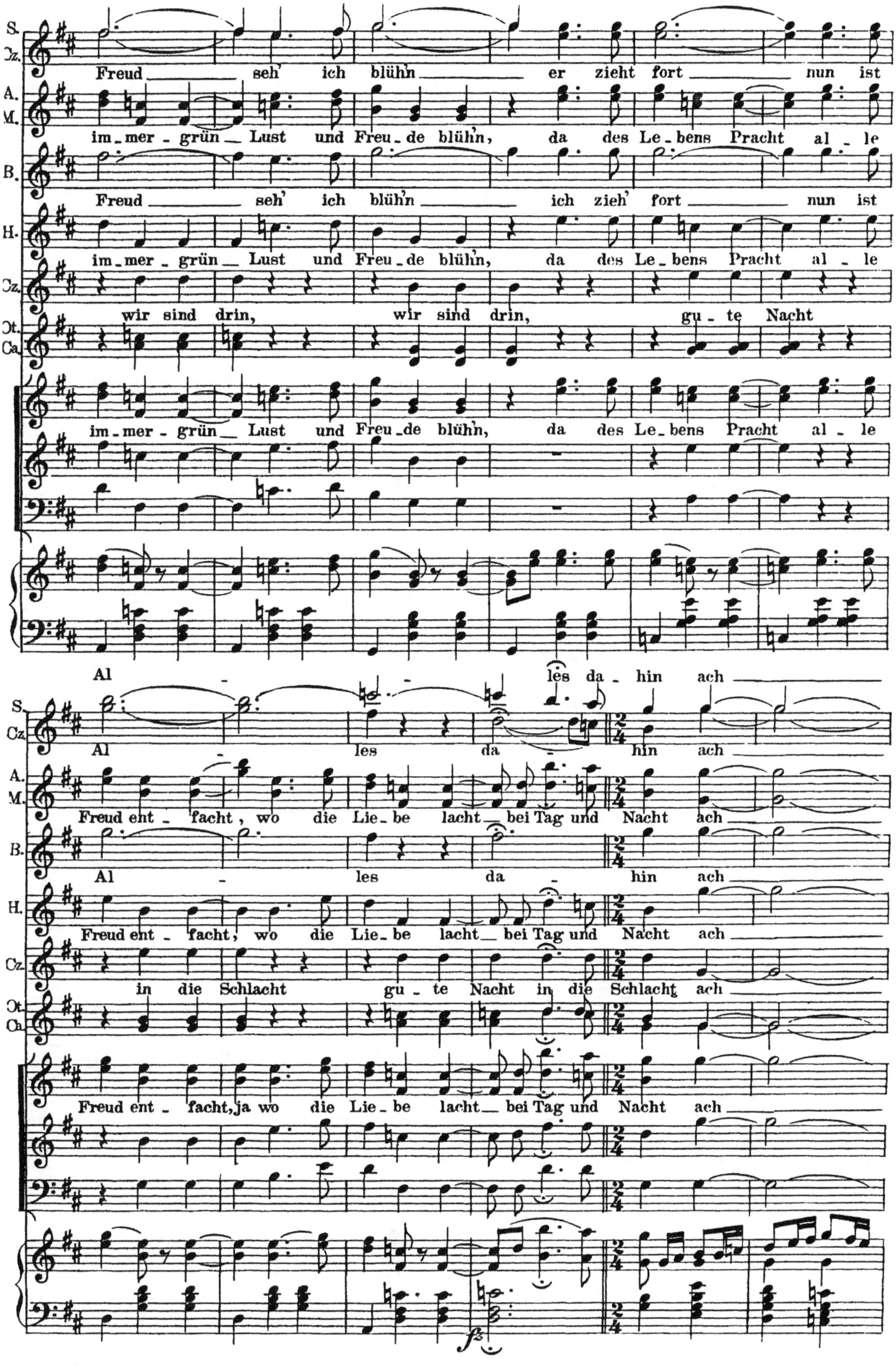
S.
Cz.
Freud seh' ich blüh'n er zieht fort nun ist
A.
M.
im-mer-grün Lust und Freu-de blüh'n, da des Le-bens Pracht al-le
B.
Freud seh' ich blüh'n ich zieh' fort nun ist
H.
im-mer-grün Lust und Freu-de blüh'n, da des Le-bens Pracht al-le
Cz.
wir sind drin, wir sind drin, gu-te Nacht
Ot.
Ca.
im-mer-grün Lust und Freu-de blüh'n, da des Le-bens Pracht al-le
Al - les da-hin ach
S.
Cz.
Al - les da - hin ach
A.
M.
Freud ent-facht, wo die Lie-be lacht bei Tag und Nacht ach
B.
Al - les da - hin ach
H.
Freud ent-facht, wo die Lie-be lacht bei Tag und Nacht ach
Cz.
in die Schlacht gu-te Nacht in die Schlacht ach
Ot.
Ch.
Freud ent-facht, ja wo die Lie-be lacht bei Tag und Nacht ach
fz

III. Act.
Entre'Acte.

Nº 14. Chor.

Nº 16. Marsch-Couplet mit Chor.

N° 17. Einzugsmarsch.

No 18. Finale.

www.ingramcontent.com/pod-product-compliance
Lightning Source LLC
Chambersburg PA
CBHW080909230426
43665CB00019B/2553